NADA MENOS QUE TODAS LAS COSAS

NADA MENOS QUE TODAS LAS COSAS

Laura Restrepo Vélez

Valparaíso
EDICIONES

VALPARAÍSO POESÍA

Diseño de interior y maquetación: Chari Nogales
www.charinogales.com @chari_nogales

Ilustración de portada e interiores: Isabel Vélez Rivas

Primera edición: octubre de 2024

  ISBN: 978-84-10073-79-1
  Depósito Legal: GR 1348-2024

  Impreso en España - *Printed in Spain*
  Gráficas Gami

A mi hermana Kiki, porque fueron más las veces en las que no me sacó de su cuarto cuando le leía poemas

Hay un enramado que sabe cómo extenderse invisible en el corazón. Escenas de casa, de ríos calmos, del mar abundante que viene y se aleja, viene y se aleja. Los poemas de Laura atienden el brillo anónimo, reconstruyen el camino finísimo del vínculo, su constante transformación. Ella no se esconde, se revela humilde en la escritura, con la ligereza que da la imaginación y el cuidado de un lenguaje propio. El hogar como una intuición que se erige puntual en las pequeñas cosas. Las semillas del tomate que germinan, un horizonte sembrado de guaduales, la perra que corre por el sendero de jazmines. El poema como el primer ritual. La dulzura de una entrega definitiva.

MANUELA GÓMEZ

Para comprender muchas cosas tienes que comunicarte con tu propia condición (...) La cuestión es, tú eres tú, y eso es todo lo que hay que mantener para siempre.

MARY OLIVER

PRIMERAS IMÁGENES DEL AMOR

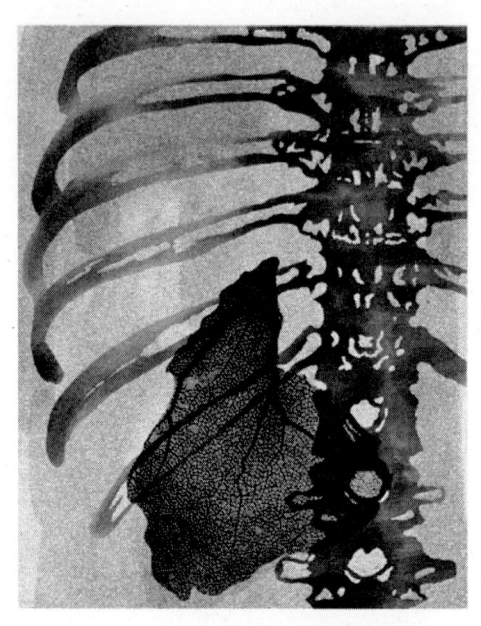

LO QUE NO FUI

Un río errante
que desembocara
en el mar

la esposa de
algún Santiago, Daniel
o Héctor,
una hija
que se quedara
en casa
esperando ser
lo que sus padres
querían,
una oficinista
decidiendo si alguien
merecía o no
un trabajo
por su timbre de voz
por su forma de peinarse,
una mujer
callada
lejana
del feminismo,
satisfecha
con el lugar

que nos ha dado
el mundo
a las mujeres

TENGO DOS MAMÁS

Estela, mi primer suelo,
árboles frondosos
de los que hacen bosque,
ríos atravesando la tierra.

Marina —su hermana—
que camina descalza en la manga,
me dice,
vamos a enraizarnos,
así se respira.

Busca en el morral
y me entrega la Nikon:
esta es la cámara
que tuve a tu edad.
Ahora es tuya,
mira despacio,
así se enfoca.

SOMOS UNA FAMILIA DE VALORES

Somos una familia de valores
me dijiste luego de que mamá
te contara llorando
que yo tenía novia.

Me tiraste el peso
de las cosas que
no cambian de sitio
y el polvo y la humedad
hacen su trabajo,
una idea enraizada
que ningún aire mueve
soltaste la frase
en medio de un abrazo
y yo, que desde niña
aprendí a ver las grietas
te tiré una pregunta ave:
¿y qué significan los valores?

después hablamos de eso,
respondiste,
pero han pasado
siete años, papá.

GUADUAS O BAMBÚES

Anaís sube hasta el inicio
del camino empedrado,
jazmines de flores naranja
marcan el sendero

vemos un barranquero,
la perra corre,
baja, me rodea,
se echa a mi lado

miro los tallos moverse juntos
sin mucha simetría,
verde oliva, verde monte
suenan como si cerca pasara un río,
¿son bambúes o guaduas?

no me olvido de que mi mamá
está en el hospital,
el virus impide que el aire
de sus pulmones circule tranquilo,

mi hermana,
que nunca se salta las normas,
anoche se pasó un semáforo en rojo
mientras seguía la ambulancia

en donde la llevaban.
Mi papá siente enojo,
nunca le hablaron
del miedo

Los tallos parecen
un abanico que el viento mueve.

Escribo:
¿Cuál es la diferencia entre un bambú
y una guadua, papá?
quiero distraerlo de su enojo.

Me manda fotos
de una guadua verde con líneas amarillas,
recuerda haberlas visto en la finca del abuelo.
Me envía más:
puentes, techos,
sillas mecedoras, cabañas
construidas con guadua.

Las fotos continúan llegando
hasta dos días después.

NO HUBO NINGÚN AMOR
COMO EL DE ELLOS

Cuando la tía Olga murió
él se puso la camisa rosada
que a ella le gustaba tanto

Hugo, mi tío
había pasado meses
meditando

La tía contaba
que él aprendió
a amar
cuando ella se enfermó.

A mí me sorprendió
su sentido del humor,
escucharlo,
Monita, descansa ya,
camina con los perros
que conocimos en el Sur,
descansa Monita,
que vamos a estar bien.

Ella solo pudo morirse
cuando él fue a la casa
por más ropa.

HUGO CONOCE EL AMOR

Cuando me sentía
alejada de mi familia
puesta a un lado
como la mesa que ya
no embellece la sala
mi tío me escribió

¿Vamos a comer con mi novia
y Helena?, ustedes escojan
el restaurante

¿Vamos a comer con mi novia
y Helena? me dijo,
poniéndolas
en la misma categoría

entendí que sabía
que éramos novias,
nada cambió para él

yo seguía
siendo Laura,
su sobrina.

MI HERMANA DICE

Mi hermana dice
que en la foto te ves
demacrado, que pareces
enfermo, papá.

Tienes unos shorts rojos,
una camisa azul y el número 243
escrito en un papel blanco,
los pómulos marcados,
los ojos pastosos.

Habías terminado
la carrera de triatlón en San Andrés.

No sé si cuando tomaron la foto
mi mamá ya te había contado
que Alejo, tu hermano menor,
había muerto.

Leí que el nervio vago,
que nace en el estómago
y va hasta las cuerdas vocales,
nos conecta con quienes amamos,
que predice los hechos
antes de su llegada

¿tu estómago
lo sabía mientras
atravesabas la isla?

Seguro que la mamá pensó en tu corazón,
en lo acelerado que estaría por el esfuerzo físico,
en que si te paraba, a contarte de Alejo,
no soportaría el cambio de ritmo.

Se quedó sola con el dolor,
lo guardó bien
mientras corrías.

MI PAPÁ VOLVIÓ A HABLARME

mi papá volvió a hablarme
cuando me separé de ella
y empecé a vivir sola

un día llegó con
una nevera de regalo
y me dio un abrazo

temí que cuando volviera
a tener novia
me retirara otra vez la palabra,
pero lo extrañaba,
y recibí su gesto

volví a las reuniones familiares
a los paseos en Guarne
y los domingos de asados
en el jardín esperando
por los pájaros

hace poco
me escribió para decir
que estaba triste,

era la primera vez
que mencionaba sentirse así
en veintinueve años.

Yo estaba con un nuevo amor
seca de la risa, como diría mi mamá,
habíamos comprado dos conos de helado
para sentarnos en el balcón y mirar
a la gente hacer ejercicio.
Tomé el celular,
lo llamé y le dije
"Aquí estoy papá, ¿cuándo nos vemos?"

LE CONTÉ A MI MAMÁ QUE ESTOY
SALIENDO CON UNA CHICA

Dije que Aya
pone la mirada en
los mismos lugares
que yo.

No tuve que insistir en que
nadie es culpable
no hay causas
solo las enfermedades
tienen orígenes
la elección del amor, no

Dije que soy feliz,
que no tengo quejas de la vida ahora.

Cuidé los sentimientos de mi madre,
hice un esfuerzo por
elegir las palabras,
me pregunté si tal vez
le estaba dando demasiados detalles

Me dijo que se alegraba por mí,
no hubo abrazos,
ni invitaciones a comer.

Tampoco me pidió que
le mostrara una foto.

Me escuchó
no lloró

es la primera vez
que no llora.

EL PRIMER SONIDO

Esta imagen:
una mono hembra
en medio de la selva
sostiene su cría
muerta

El cuerpo frágil
desgastado
frío

y su expresión
del dolor
no tiene nombre

El grito agudo
de la mono hembra
resuena como un eco,
trae el primer sonido:
el corazón de mi madre

LAS QUE NO FUISTE

Para mamá

Una misionera
con falda negra, mochila tejida
y sandalias que recorre África,
hace parte de alguna brigada
de ayuda humanitaria,
enseña a leer en una escuela,
le cuenta a las señoras cómo
montar un emprendimiento,
vender, administrar dinero

una mujer
sin hijas ni marido,
con muchas amigas, invitaciones
a centros comerciales y
clubes campestres,
que toma la media mañana
y hace un guiño al mesero
para que le eche una copa
de ron al tinto
una mujer sin culpa

una mamá triste,
viviendo en la pérdida,

sin fuerza para levantarse,
ni palabras de ánimo,
sin excusas para hacer fiestas
una mamá ausente,
metida hacia adentro

la cantante de una banda
de boleros,
con una voz gruesa y ronca de tanto fumar
y hacerse oír.

YO NO SÉ QUÉ SIGNIFICA EL AMOR

I

Hoy,
Simón y yo
recorrimos el colegio
buscando su lonchera.
Después,
supimos que su mamá
había llamado
varias veces para recordarle
que estaba en su morral.

II

Cuando Anaís
siente que lloro,
se me echa encima,
pone sus patas delanteras
a la altura de mis hombros
y mueve su cabeza
como si no le pesara,
como si quisiera que a mí tampoco

III

Cuando tenía quince años
mi mamá estaba cansada
de que me pusiera ropa negra.
Me insistía en que
los demás colores son vida.
Ahora, cuando voy a visitarla
me entrega una bolsa
que lleva dentro
una camisa negra
y me dice: *te vi ahí*

IV

Aunque mi papá .
sabe que ya no me interesa el fútbol,
cada semana me escribe una noticia
sobre un cambio de jugador en nuestro equipo
este sí va a ser el goleador
con este vamos a hacer historia.

Quiere seguir tejiendo
el único puente,
que cree hay
entre los dos.

V

A sus dieciséis años
Sebas se para con la guitarra
en frente de varias personas
en un plantón del Paro Nacional

Antes de tocar, cuenta la historia de Víctor Jara,
joven asesinado en la dictadura de Pinochet,
canta "El derecho de vivir en paz".

Yo miro a quienes lo escuchan
y me pregunto
si sienten como yo,
otro mundo armándose

VI

En mi oficina
entra un pájaro
con tonos café,
no sé decir si está perdido.

Llamo a pedir ayuda
porque no sé cómo estimar sola
cuál es la mejor forma de evitar que muera.

Zoraida, la profe de preescolar,
dice que lo pongamos en una caja de cartón,
¡rápido, antes de que los perros bajen!
Marcela, dice que lo escuche,
que de pronto necesita mi ayuda,
yo me río y le digo que no creo que un *monjito rayado*
necesite de mí,
pero pongo cantos de ave en youtube,
para que se calme.
Argemiro, el jardinero,
lo envuelve con sus manos despacio,
lo deja en la rama de un cámbulo.
Días después lo veo
en la manga con otros como él.
Sigue vivo y nos reconocemos

VII

Aleja, mi amiga del colegio,
lleva doce días acompañando
una búsqueda de un amigo suyo
que está perdido.
Le pregunto si hay una red
de personas que estén con ella,
me dice que sí, que conoció
a alguien que le gusta,
y tal vez está enamorándose
en medio de ese horror

VIII

Mi prima Caro

me cuenta que Frances McDomand
en la película Nomadland
le recuerda a su mamá,
la mirada y el pelo son Olga,
le digo que estoy escuchando
una canción que escribió
uno de los integrantes de Local Natives
luego de la muerte de su mamá.

La escucha
y nos preguntamos
si estamos amando
como Olga amó
si estamos amando
suficiente.

LO COTIDIANO

PARA TENER UNA CASA

Para tener una casa
en la que pudiera sentarme
en toalla en el balcón,
acostarme en las baldosas
y reconocer los espacios más fríos,
no tender la cama,
habitar el mezanine
con las películas queer
del cine club de los sábados,
sacar la basura solo al
escuchar la campana del
camión
poner, en secreto,
cerveza en las recetas
quedarme con Anaís,
saber que está ahí porque estiro
la pierna y siento
su pelaje caliente,
vivo.

CANALES SENSORIALES

Dejar el olor de tu cuello conmigo
cuando voy sola por la calle
y me pregunto:
¿todo esto para qué?

Hundir mis dedos
en el lomo peludo de Anaís,
hacer formas como si estuviera
jugando con arena
su mirada negrísima brillante.

Ver la entrada de la luz
en el agua de la piscina,
sus trazos en los cuerpos
que se desplazan
liberados de la postura recta.

Las burbujas saliendo fuerte
con la respiración,
las piernas los brazos el torso
que en un solo giro

llegan más lejos
que cualquier palabra.

ME PIDES COSAS SIMPLES:

Pelar las zanahorias
antes de cocinarlas
Poner la cebolla
en agua para quitarle
el sabor amargo
que lave las bolsas de plástico
para que Doña Elda
pueda llevárselas
sin tanto trabajo sacudir la ropa
antes de doblarla
para no tener
que plancharla
cerrar el balcón
y apagar todas las luces

te escucho
con aparente calma

y me enojo
porque me hubiera gustado anticipar
esos detalles.

CREÍ QUE NO PODÍA SEMBRAR

Creí que no podía
sembrar, pero ayer
vi asomarse al cilantro
como si vivir fuera fácil
y las lluvias constantes
en las que se ahogó
no lo hubieran afectado

y el ajo ha crecido,
ahora tiene que
balancearse
hacia los lados

yo creí que
no podía sembrar
pero todas las semillas
del tomate
están germinando

y aunque la gata
arrancó dos y
mordió las hojas
de la albahaca
la vida es
sobre todo, obstinada

ANAÍS

Anaís se me echa encima
y me da besos en la cara
se enrosca como si fuera
una foca
una nutria
me saluda como si la vida
empezara

SAN PACHO

No dormí una noche
porque quería escuchar
las hojas de los almendros
zarandeadas por la brisa,
el tiempo quebrado de la salsa
de Buena Vista Social Club,
las historias de Sara,
que me jura que luego
de un mal amor,
la vida busca un balance
te repara el estómago:
un dolor agudo
trae un amor pausado.

Un año después
estoy con Helena.
Nadamos en el mar,
Nube, la perra de Víctor y Ana nos acompaña.
Yo atravieso las olas,
cada tanto volteo para mirarla.
Siento que Nube, ella y yo
podemos perdernos en este mar

ya nos hemos amado tanto
que no importa.

EL POEMA QUE FALTABA

Supe que ya no me amabas
cuando te leí algo que escribí
sobre nuestra vida juntas
y fingiste una sonrisa tardía

no me animé
a preguntarte
si te había gustado,
dije en cambio que
le faltaba edición

luego entendí
que ya no te reconocías
en las escenas de los bailes
de la cocina, ni en las películas de los sábados
ni en las caricias compartidas con Anaís

y el día
    se fue cerrando despacio

VEO LOS CAMBIOS DE COLORES
EN EL CIELO

Dice Valeria Luisseli que cuando
perdemos a alguien amado
se abre una ventana en el corazón:

veo los cambios de colores en el cielo
un perro corre a encontrarse con un amigo,

la hamaca que puse en el balcón
se siente como un refugio abierto,
el blanco plata del plancton ilumina,

muchas personas alumbran

y no te espero.

Quiero que el dolor se seque
como la sal del mar y su sabor
se vaya, con una ducha fría,
por ejemplo

Miro por la ventana
adentro está el mar
y yo, flotando con el movimiento
de las olas.

UNA NUEVA CASA

Armo rituales:

miro las nubes acostada,
hago ejercicio en el pasillo,
pongo música duro para trapear con ganas
suelto el cuerpo en la cama,
duermo desnuda y en diagonal
para ocupar todo el espacio.

pistas que me voy dejando
a mí misma con la voluntad
de estar bien.

SÉ QUE ES NUEVA EN ESTE MUNDO

Sé que es nueva en este mundo:
aprende a correr
luego de saltar como gacela,
también bosteza,
al fin con toda la boca,
quiere jugar con Plutón, el gato de mi novia,
pero él se teletransporta
a la cortina azul turquesa.

Le gusta lamer
el pelo y la frente de las visitas,
conversa cuando está incómoda,
a veces llora en busca
de un lugar oscuro.

Nació en un horno de barro
en el que su mamá
se refugió a parir

se llama Vaca Río
como Escalera Flor,
la yegua que tuve
cuando tenía ocho años

Vaca es una perra blanca,
con manchas café habano
y pecas en las patas

Esperé toda mi vida para amarla

AYA

Aya tiene un café listo a las
cinco y media de la tarde
para arrodillarse en la cama
cerca de la ventana y ver el atardecer.

Dice que hay dos momentos:

1. Las nubes parecen incendiarse
2. El cielo se va cerrando morado,
violeta oscuro, metálico.

El segundo, me dice,
como si fuera un misterio,
es un regalo para los que
esperan

Aya inclina la cabeza hacia arriba,
mismo gesto que hace cuando
encuentra un árbol muy grande.

A veces les busca formas conocidas,
una mujer bostezando con los brazos,
una rana antes de saltar.
Otras, dice:
tengo un nuevo amigo, te lo presento

Cuando alza la cabeza,
su cuello,
dos lunares en diagonal
al lado izquierdo,
una estrella tatuada en la nuca y
el pelo crespo sostenido en una cola.

La miro y voy del todo a los detalles,
de los detalles al todo

VOLVER AL CUERPO

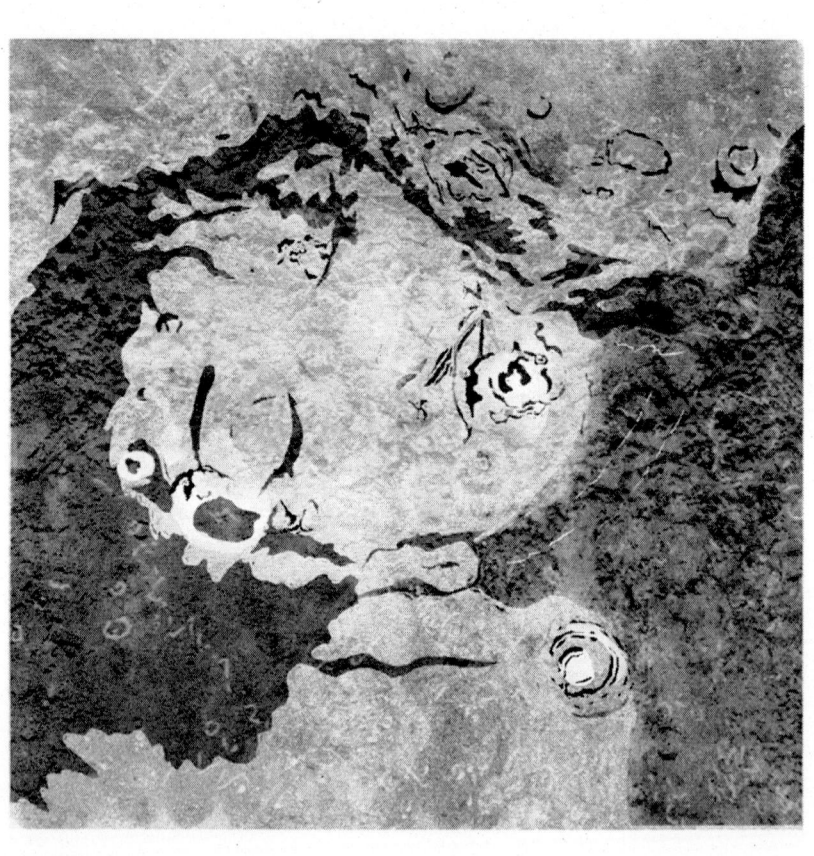

LA PISCINA

El agua me invade
separa los pensamientos
les da espacio
a las imágenes
que pasan
se quedan
iluminan

el cuerpo sin peso
como si ya no fuera mío
la piscina
un organismo vivo
que nos contiene

el olor a cloro,
único aroma.

Los cuerpos de los otros
nunca antes

tan bellos
tan libres
tan solos

LA ÚNICA CASA

Tomo mis manos
y las pongo en las piernas,
siento los músculos
que me han traído hasta aquí,
la fuerza:
ese sol que llevo dentro
y trae claridad

entonces
agradezco el cuerpo
la única casa que he construido
y no abandono

LOS PENSAMIENTOS NO SON HECHOS

Los pensamientos
no son hechos, pero
alcanzan a calar hasta la base
haciéndola temblar
abriendo grietas
con sus formas martilladas.

Son afirmaciones contundentes:

No voy a sentir nada cuando una niña
me cuente que se siente sola

Me voy a agotar de amar

Las detiene
el vaivén del pecho
y el estómago
la sensación del agua fría
los sonidos de lo mínimo

el olor a orégano
los golpeteos de la cola de mi perra
en mi tobillo
el latido paciente de un corazón

ME GUSTA ESTAR EN EL AGUA

Escucho las burbujas
que hace mi respiración
y las voces deformadas
de otros

nadie me puede quitar
esta sensación aliviada
ligera

la misma de Mark
cuando me cuenta que va a empezar
su transición
y solo sabe dos cosas:
le gustan las mujeres y
es una mujer

la felicidad con que soltamos

el peso de la gravedad.

LE PREGUNTO

Le pregunto a la niña que fui
qué siente cuando dibuja
y anda descalza
con los pies llenos de tierra,
sin preocuparse por el frío

flota en el agua de un charco
mira cómo las hojas
cierran el cielo
hacen un refugio
del que no escapa nada

y guarda un estado de ánimo
lo extiende en el tiempo
sin deformarlo.

EL DÍA QUE RENUNCIÉ A MI TRABAJO

Me gusta llegar temprano
al trabajo,
tener treinta minutos míos
para mirar un guayacán amarillo
y leer algún poema de Mary Oliver
que me renueve la fe:
como meterse a un río
que atraviesa montañas.

Pero llevo dos meses
llegando tarde,
ya no hay tiempo
para esperar

me duele el estómago.
Lucía —de seis años—
me enseñó que
ahí se siente la tristeza

almuerzo debajo
de una mesa
para que me dejen en paz,
Mateo —de cinco—
se escondía aquí
cuando se separaron
sus padres

los tendones de la
muñeca los siento rígidos,
Camilo —de diez—
me dijo que
un día tenía tanta rabia
que el puño le quedó
cerrado por varias horas.

El cuerpo avisa.

OTRA INFANCIA

SIMÓN

Simón, de 6 años,
me pregunta:
¿qué es el más allá?
le pido que
mire el cielo
que piense en el mar
y le digo
¿ves que
no puedes marcar
una línea delimitando
cuál es el inicio
y cuál es el fin?

SE ME BAJÓ EL CORAZÓN AL ESTÓMAGO

Para D.

Se me bajó
el corazón
al estómago

cuando Gustavo
me llamó
y me contó que
habías muerto

se me bajó

el corazón

al estómago

*Daniel se
suicidó,*
me dijo

y yo: con tu sonrisa
anclada

sentí frío
Maria, Cami, Luisa, Gus, Beatriz
sintieron frío
y la certeza de que
nada iba a abrigarnos.

MARTÍN

Martín conoce
cada uno de los bolsillos de mi morral,
mira de cerca,
incapaz de inhibir sus ganas de tocar
todos los objetos
y descrifrar para qué sirven.

Se le cae una moneda
y recorre el suelo con ella
me mira y me dice: *¡aquí el sonido es diferente!*
yo me siento a su lado
para escuchar.

No regresa al salón de clases
hasta que le preguntamos a Alvarito
si debajo de las baldosas
hay una tubería o un pozo.

El viernes llega con una lagartija pequeña,
en uno de sus sobresaltos
le pasa por encima partiéndole una patica.
Martín se pone las manos en la cara diciéndome
que se siente como un criminal,
luego toma un palito de los que se usan
para revolver el azúcar en el café,

y le mida la pata
le voy a hacer un yeso
me dice sonriendo.

RAZONES PARA HABLAR CON UNA NIÑA
O UN NIÑO

María José me pregunta si las plantas que ella toca
y se duermen, despiertan

Miguel me cuenta que para calmarse
recorre los lugares en los que jugó más pequeño:
el túnel cerca al arenero,
el camino a la cascada,
el pasamanos verde al que se subía su mejor amigo
cuando él todavía no alcanzaba

Julia me cuenta que a veces se decepciona cuando
    lo que imagina:
personas que vuelan, sombreros mágicos, mascotas que
    cambian de forma,
no existen en el mundo

Sofía dice que me necesita con urgencia
extiende su mano y me entrega una moneda de 500,
la encontró en el parque y
quiere ponerla en un lugar seguro
por si alguien la busca.

Federico grita: *¿y dónde quedan los pulmones de los corazones?*

ÍNDICE